(à conserver la couverture)

NOTICES MILITAIRES

TRAVAUX DE CAMPAGNE

DES OFFICIERS

DE L'ÉTAT-MAJOR GÉNÉRAL RUSSE

EN 1871

Traduit

PAR LE CHEF D'ESCADRON D'ÉTAT-MAJOR CHANOINE

(2ᵉ Bureau de l'Etat-Major général du Ministre)

(Extrait de la *Revue Militaire de l'Étranger*.)

PARIS

LIBRAIRIE MILITAIRE DE BERGER-LEVRAULT ET Cⁱᵉ

5, RUE DES BEAUX-ARTS, 5

MÊME MAISON A NANCY ET A STRASBOURG

—

1872

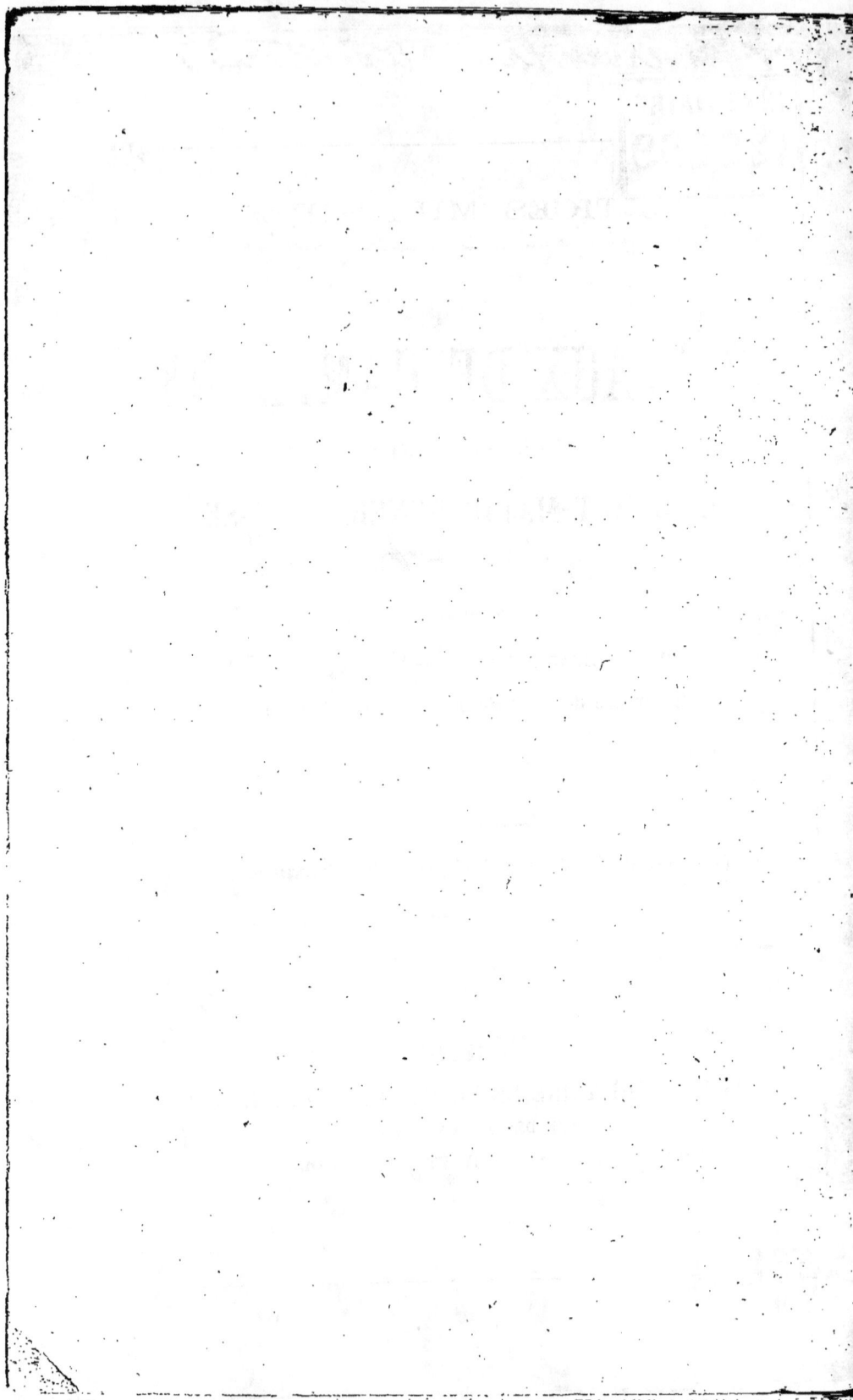

TRAVAUX DE CAMPAGNE

DES OFFICIERS

DE L'ÉTAT-MAJOR GÉNÉRAL RUSSE

EN 1871

PUBLICATIONS

DU 2ᵉ BUREAU

DE L'ÉTAT-MAJOR GÉNÉRAL DU MINISTRE DE LA GUERRE

SUR LES ARMÉES ÉTRANGÈRES

Le Bulletin militaire de l'étranger (mois de novembre et décembre 1871), réédition.......... 2 fr.

La Revue militaire de l'étranger, paraissant tous les cinq jours. — Abonnement pour six mois ou un an, aux bureaux du *Moniteur de l'Armée* (152, rue Montmartre)............... 6 ou 12 fr.

Règlement sur le service en campagne et sur les grandes manœuvres. — (Armée prussienne). — Traduit de l'Allemand...................... 2 fr. 50

NOTICES MILITAIRES

I. — **Étude sur le recrutement prussien.**

II. — **La loi militaire italienne.**

III. — **Du Recrutement des officiers en Prusse.**

IV. — **Travaux de campagne des officiers de l'État-Major général Russe en 1871.** — Traduit du Russe.

SOUS PRESSE

Étude et analyse du règlement prussien, du 3 août 1870, sur les exercices de l'infanterie.

La mobilisation.

Étude sur les institutions militaires de l'Autriche-Hongrie.

NOTICES MILITAIRES

TRAVAUX DE CAMPAGNE

DES OFFICIERS

DE L'ÉTAT-MAJOR GÉNÉRAL RUSSE

EN 1871

Traduit

PAR LE CHEF D'ESCADRON D'ÉTAT-MAJOR CHANOINE

(2ᵉ Bureau de l'État-Major général du Ministre)

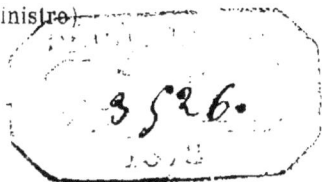

(Extrait de la *Revue Militaire de l'Étranger.*)

PARIS

LIBRAIRIE MILITAIRE DE BERGER-LEVRAULT ET Cᵉ

5, RUE DES BEAUX-ARTS, 5

MÊME MAISON A NANCY ET A STRASBOURG

—

1872

TRAVAUX DE CAMPAGNE

DES OFFICIERS

DE L'ÉTAT-MAJOR GÉNÉRAL RUSSE

EN 1871

PRINCIPES GÉNÉRAUX DES TRAVAUX DE CAMPAGNE.

Afin de donner aux officiers de l'état-major l'habitude pratique de remplir les obligations qui leur incombent en temps de guerre, au printemps de 1871 un ordre de l'empereur prescrivit d'établir un projet de travaux de campagne, et de mettre pour les exécuter un certain nombre d'officiers à la disposition de l'état-major général.

Dans l'esprit du projet, ces voyages avaient pour but de donner aux officiers de l'état-major général l'habitude pratique du discernement et de l'occupation des positions militaires, celle d'exécuter les reconnaissances de routes, de passages, d'abords de positions, d'apprécier les distances pour le placement des avant-postes, de choisir les bivouacs, etc. : travaux qui, en temps de guerre, constituent les plus réelles et les plus difficiles obligations de l'état-major général.

Les officiers devaient en même temps s'exercer à l'expédition d'ordres en campagne, et à de rapides levés à vue. Comme rédaction, on recommandait de rédiger des dispositions, de brefs comptes rendus de reconnaissances, des itinéraires, des rapports et ordres, suivant les circonstances, le tout avec la plus grande concision.

Outre ces questions, le projet indiquait encore d'autres côtés utiles des travaux pratiques, auxquels on donna la dénomination de *voyages de campagne ;* les officiers de l'état-major général devaient en profiter pour reconnaître exactement les localités pouvant avoir, dans certains cas, un rôle militaire, et pour réunir des éléments statistiques et topographiques conformément aux instructions du ministre de la guerre ou du commandement territorial.

Il a été reconnu utile, outre les officiers d'état-major, d'adjoindre aux voyages de campagne des officiers de toutes armes, afin de propager dans l'armée des notions utiles sur les nécessités du service de guerre pour les troupes. L'organisation des travaux a été déterminée par le projet d'une manière générale. On a admis que, dans chaque commandement, sous la direction du chef de l'état-major ou d'une autre personne, les travaux de campagne s'exécuteraient annuellement au printemps ou à l'automne, et auraient pour durée trois ou quatre semaines. Chaque parti pourrait se composer d'environ 10 officiers de l'état-major général et d'autant d'officiers de troupe. Mais le nombre des officiers pourrait être beaucoup plus considérable ; on pourrait l'élever à 20 ou 25 officiers d'état-major avec autant d'officiers de troupe.

En formant convenablement les détachements, un délai de deux à trois ans suffirait pour que, sans exception, les officiers de l'état-major général aient tous pris part à ces travaux de campagne.

Pour les voyages de campagne dans les circonscriptions territoriales, des plans généraux du travail pourraient être établis en temps utile par les états-majors locaux, et des combinaisons émanant de l'état-major général (de l'armée) pourraient être établies pour agir, chaque année, d'accord avec le comité d'instruction militaire.

Le projet bornait la participation des troupes à fournir de très faibles détachements de cavalerie ou de cosaques, destinés à pourvoir de chevaux les officiers non montés, à indiquer sur le terrain des dispositions de troupes, et à transmettre des ordres ou rapports.

Le choix d'une manœuvre à simple ou double action, et les détails d'exécution ont été laissés à l'initiative des chefs char gés de diriger le travail. Dans une affaire nouvelle, il n'est pas possible de prévoir d'avance toutes les particularités ; en conséquence, le projet laissait à l'avenir de ces entreprises un large horizon.

Afin que les dépenses occasionnées par ces voyages ne grèvent pas les faibles ressources des officiers, en vertu d'une décision impériale, des fonds ont été fixés pour leur allouer des indemnités journalières et de déplacement, pour frais de cantines topographiques, de cartes, de détachements pendant le cours des travaux, etc.

COMPTE RENDU D'UN VOYAGE DE CAMPAGNE

Organisation du détachement et problème à résoudre

Le détachement d'officiers, organisé d'après les principes généraux exposés ci-dessus, comprenait, d'une part, 14 officiers d'état-major et un officier de troupe directement choisis par le chef de l'état-major général ; d'autre part, 8 officiers d'état-major et 18 officiers de troupe, désignés par l'état-major des troupes de la garde et du commandement de Saint-Pétersbourg. Le détachement se trouva réuni au milieu du mois d'avril. La direction générale des opérations était confiée au chef de l'Académie de l'état-major général, général-lieutenant Léontief ; il se décida en faveur d'une manœuvre à double action, et, par suite, les chefs des deux centres d'opération furent aussi désignés : ce furent les généraux majors d'état-major, Herchelmann et Obroutchef, de la maison de l'empereur. Parmi les officiers, l'état-major général fournit

2 généraux-majors, 6 colonels, 5 lieutenants-colonels, 9 capitaines; les officiers de troupes comprenaient : 1 colonel et 18 officiers (1 de chaque régiment de cavalerie de la garde et du bataillon de chasseurs, 2 du génie et 2 de l'artillerie.)

Tous ces officiers furent répartis en trois groupes : le premier, sous la direction supérieure du général-lieutenant Léontief, comprenait un général, 4 officiers de l'état-major général, 4 officiers de troupes. On lui adjoignit 1 officier de l'état-major des troupes du commandement militaire de Varsovie (le chef de l'état-major de la 3° division d'infanterie de la garde, colonel Belinski).

Dans le deuxième groupe (de l'Est), aux ordres du général-major Obroutchef, entrèrent 8 officiers de l'état-major général et 7 officiers de troupes.

Dans le troisième groupe (de l'Ouest), aux ordres du général-major Herchelmann, entrèrent 8 officiers d'état-major et 8 de troupes.

La région choisie pour l'exécution des travaux était la partie du gouvernement de la Livonie comprise entre les villes de Venden, Fellin, Derpt, Verro (1); elle présente une variété suffisante de bois, rivières, marais, lacs, des mouvements de terrain considérables, beaucoup de routes et de lieux habités.

Le problème dont la solution était proposée aux deux partis, s'énonçait ainsi qu'il suit :

Une armée de l'Ouest, après avoir bloqué Dunabourg, marche sur Pskov, son objectif est Pétersbourg.

L'armée de l'Est se concentre autour de la ville d'Ostrow.

Un corps détaché de l'armée de l'Ouest, ayant occupé la ville de Riga, poursuit son mouvement en avant dans le but d'occuper toute la province Baltique, et, après en avoir repoussé les forces de l'adversaire, d'opérer sa jonction par Narva et Janbourg avec les forces principales qui se dirigent sur Pétersbourg. On admet que le gros de ce corps d'armée est parvenu à Volmar; de ce point, deux avant-gardes sont poussées sur les routes de Valk et de Fellin, une portion du corps

_____

(1) Voir la planche ci-jointe.

est restée à Venden. Dans le cours ultérieur des opérations, le corps d'armée de l'Ouest peut compter sur des renforts de l'armée principale, mais seulement après qu'elle aura occupé Ostrow.

Un corps détaché de l'armée de l'Est se retire sur Derpt. Son avant-garde est à 7 verstes en avant de Valk. Des troupes partent de Revel pour renforcer ce corps de l'Est, et, dans le cours des opérations subséquentes, des réserves peuvent arriver en temps utile de Pétersbourg. Revel est fortifiée. Dans la ville de Vesenberg se trouve une grande quantité d'approvisionnements. Il est prescrit aux troupes du corps de l'Est de défendre à outrance Derpt et la province Baltique. S'il est impossible de remplir cette mission, elles doivent se retirer alors par Narva et Janbourg sur Pétersbourg pour rejoindre l'armée principale. La flotte de l'Est est maîtresse de la mer Baltique.

Au début des opérations, les deux corps reçurent les emplacements et la composition suivante :

Corps de l'Est. — Aux environs de Valk, 2 divisions d'infanterie : — 24 bataillons d'infanterie, 1 du génie, 2 de chasseurs, 2 brigades d'artillerie à pied, 64 pièces, 4 régiments de cavalerie, 1 batterie à cheval.

Aux environs de Verro, 1 division d'infanterie : — 12 bataillons d'infanterie, 1 de tirailleurs, 1 brigade d'artillerie à pied, 32 pièces, 1 régiment de cosaques.

Aux environs de Fellin et sur la route de Fellin à Volmar : 3 régiments d'infanterie, 9 bataillons, 3 batteries à pied, 24 pièces, 2 régiments de cavalerie, 1 batterie à cheval.

Dans Vesenberg : 1 régiment d'infanterie (1), 1 régiment de cosaques.

En tout, 52 bataillons, 136 pièces, 8 régiments de cavalerie.

---

(1) Ce régiment ne peut prendre part aux opérations, ayant à assurer la garde des magasins de Vesenberg; de même pour la garnison de Revel; mais 1 brigade d'infanterie et 1 régiment de cosaques peuvent marcher pour prendre part aux opérations.

1.

Le corps de l'Est possède, en outre, 2 parcs de télégraphie militaire, 4 parcs d'artillerie, et 1 d'artillerie à cheval, 4 ambulances divisionnaires mobiles et 15 ambulances.

Corps de l'Ouest. — Aux environs de Volmar, 3 divisions d'infanterie : — 36 bataillons, 1 bataillon du génie, 3 de tirailleurs, 9 batteries à pied avec les divisions, 72 pièces, 4 batteries d'artillerie de réserve à pied, 32 pièces, 1 division de cavalerie à 6 régiments, 2 batteries à cheval, 1 demi bataillon de pontonniers.

Aux environs de Venden, 1 division d'infanterie : — 12 bataillons, 1 bataillon de sapeurs, 1 bataillon de tirailleurs, 3 batteries à pied, 24 pièces, 1 brigade de cavalerie à 2 régiments, 1 batterie à cheval.

En tout 54 bataillons et demi, 152 pièces, 8 régiments de cavalerie.

Le corps de l'Ouest comprend aussi : 1 parc de télégraphie militaire, 4 parcs mobiles d'artillerie, 5 parcs volants d'artillerie, 1 demi parc d'artillerie à cheval, 4 lazarets divisionnaires mobiles, 16 ambulances.

Chacun des deux partis avait la connaissance complète des données du problème et de l'effectif de ses propres forces ; les mêmes données relatives à l'adversaire étaient réciproquement secrètes.

<hr />

Occupation des officiers avant l'entrée en campagne.

TRAVAUX PRÉLIMINAIRES

A la fin du mois d'avril, tous les officiers d'état-major désignés pour prendre part au voyage furent réunis par le chef des opérations pour prendre connaissance des dispositions fondamentales. Après quoi les officiers de chaque parti se réunirent de part et d'autre en groupes ou furent détachés pour les dispositions et conférences préparatoires. Le but de ces réunions était avant tout d'élaborer les détails de la méthode adoptée, de prendre connaissance des localités à l'aide des cartes et des ressources de statistique militaire disponibles; enfin, de répartir entre eux les divers travaux écrits qui devaient précéder les opérations sur le terrain et préparer celles-ci.

Une des questions à traiter était celle de la manière de vivre à laquelle tous étaient peu préparés. Comme, durant le voyage, les officiers voulaient être indépendants des circonstances dans lesquelles ils se trouveraient, chaque groupe forma une association dont la gestion fut confiée à un de ses membres. L'expérience prouva que ce système était pratique, il épargna aux officiers beaucoup de préoccupations inutiles.

Les matériaux disponibles pour la connaissance du pays étaient une carte spéciale à l'échelle de 10 verstes par pouce et la carte de 3 verstes. Tous les officiers, sans exception, reçurent des exemplaires de celle-ci; la première fut seulement donnée à ceux qui, d'après la nature de leurs travaux, en auraient besoin. Après les cartes, les éléments les plus utiles pour la connaissance des localités était la description statistique militaire de .l'ancien gouvernement de Riga. Les officiers en tirèrent parti, et lui empruntèrent ce qui était utile. On exécuta donc une première série de travaux écrits. Chaque parti eut à établir un plan général pour ses opérations.

D'après les données du problème, le commandant du corps de l'Est eut à préciser les conditions de défense en cas d'une retraite sur Pétersbourg, dans l'éventualité où on ne pourrait garder la province Baltique. Le parti de l'Ouest eut à former un plan de campagne pour l'invasion de cette province, et le mouvement subséquent sur Pétersbourg. En outre, chaque parti avait à proposer des plans pour le ravitaillement des troupes, pour les approvisionnements d'artillerie et les services sanitaires.

Ces travaux ont présenté de l'intérêt, non-seulement au point de vue de l'instruction proprement dite, mais encore à celui de la stratégie générale et de l'administration militaire. Leurs traits caractéristiques sont reproduits sommairement pour la clarté de la méthode d'exécution.

Travaux préparatoires du parti de l'Est.

Plan général d'opération du corps d'armée, état détaillé des effectifs en hommes et chevaux à fournir pour des détachements, reconnaissance générale des localités, description des voies de communication, description des lignes télégraphiques, positions à retrancher, en temps opportun, à Derpt et Nemme, organisation des moyens de ravitaillement et de transport, organisation pour l'artillerie et les ambulances.

Le plan général d'opérations comprenait les combinaisons nécessaires pour concentrer des forces principales sur la route de Derpt, pour couvrir par des détachements mobiles la région ouest, et pour procéder à une défense active ayant pour objet de détourner l'attention de l'ennemi de l'occupation de la province. Ce plan comprenait une appréciation stratégique des diverses parties de la province, vraisemblablement des lignes d'opération sur la Narva, et des mesures à prendre pour s'opposer à un mouvement de ce genre.

Etats détaillés d'hommes et chevaux à fournir pour détachements. Hommes et chevaux nécessaires dans le rang et comme attelages.

Examen d'emplacements pour les lazarets de division et les ambulances.

Reconnaissance générale des localités, orographie et hydrographie, appréciation des routes et des lignes d'opération ; de Volmar et Venden à Fellin, de Valk à Derpt, de Verro à Derpt.

La description des voies de communication s'étend aux rivières navigables, lacs et passages, aux routes du côté de l'est (Derpt), de l'ouest (Fellin), ainsi qu'au chemin de fer de la Baltique, le calcul détaillé des distances et de l'état des routes servant de base au calcul de la marche des troupes. Description des lignes télégraphiques ; lignes appartenant au gouvernement, aux chemins de fer, à construire en relation avec Pétersbourg, à construire par la télégraphie de campagne.

Positions à retrancher à Derpt et Nemme, exécution en avant de Derpt à l'ouest et au sud, de deux lignes de batteries en terre et de flèches. Construction de batteries à Nemme pour en renforcer la position, organisation des moyens de ravitaillement et de transport. Dans le projet, l'attention s'est fixée sur la quotité des récoltes moyennes locales en blé, sur les moyens des magasins, marchés, nombre des moulins ; il en est résulté que les ressources locales sont plus que suffisantes pour les besoins du corps de l'Est. Il y a insuffisance seulement au point de vue du fourrage, mais en ce qui concerne l'approvisionnement des troupes, les ressources en bétail et en spiritueux assurent le ravitaillement en viande et vin.

L'emplacement des magasins et les quantités de vivres à concentrer dans chacun d'eux furent ensuite indiqués. Quant aux moyens de transport, les localités de l'Esthonie et de la Livonie occupées par le corps de l'Est auraient eu à les fournir d'après des statistiques, en indiquant les transports à mettre au service du ravitaillement et l'itinéraire à suivre. Enfin, il y avait à traiter l'organisation des étapes sur les derrières du corps d'armée.

Le plan d'organisation de l'artillerie consiste dans la description détaillée de l'espèce et du calibre des canons, ainsi que des armes en service dans le corps d'armée, les quantités de munitions et cartouches nécessaires, la répartition de ces munitions dans les parcs d'artillerie à pied et à cheval. Pour les parcs, des approvisionnements de première ligne furent établis sur la base à Narva, et d'autres en avant. En même temps des destinations étaient indiquées aux chefs d'ateliers mobiles de l'artillerie, ainsi que pour l'artillerie d'avant-garde et des mesures prises pour le ravitaillement des troupes en munitions.

L'organisation du service médical de campagne avait pour objet l'assistance à donner aux blessés et aux malades dans les localités les plus rapprochées du théâtre des opérations, leur répartition dans les hôpitaux temporaires et lazarets mobiles sur des points plus éloignés en arrière de l'armée. Il était prescrit d'organiser 15 hôpitaux militaires temporaires sur le pied d'une place pour 8 de l'effectif du corps d'armée ; les emplacements furent désignés. Un service spécial de transports fut organisé pour ces hôpitaux, des moyens d'évacuation (bateaux et wagons), réservés pour les blessés. Le tout sans perdre de vue les ressources des ambulances mobiles divisionnaires.

2

Travaux préparatoires du parti de l'Ouest.

Plan d'opérations du corps de l'ouest : dispositions générales des ravitaillements de diverse nature pour les troupes ; organisation du service sanitaire et des lignes d'étapes ; description orographique et courte description hydrographique du théâtre des opérations ; série de tableaux (situations) d'inspection ; examen des ressources du pays comme approvisionnement et des routes de la partie septentrionale du théâtre des opérations.

Plan des opérations du corps de l'Est, commencé par une description topographique générale du pays et des principales routes comme lignes éventuelles d'opération. En premier lieu, la route de Venden et Volmar à Valk et Derpt ; on admet que la direction sur Fellin peut être suivie par un détachement. Toutes les opérations du corps de l'Ouest sont divisées en trois périodes : la première, jusqu'à l'occupation de Fellin et Derpt, ainsi que de la région voisine de Derpt ; la seconde comprend les opérations relatives à l'occupation de la partie sud de l'Esthonie ; enfin, la troisième comprend toutes les opérations assurant l'occupation complète du pays depuis Revel jusqu'à Janbourg. Au plan général est joint le détail des forces (environ moitié du corps d'armée), qui, dans le mouvement sur Narva et Janbourg, doivent être laissées en arrière pour assurer la possession du pays conquis ; cette précaution est rendue nécessaire, parce que la flotte adverse est maîtresse de la mer Baltique.

La description orographique du théâtre des opérations s'étend (d'après les documents existants) à la partie septentrionale de la province Baltique (mouvements de terrain et dépressions) ; une courte description géognostique du pays y est jointe.

La revue hydrographique sommaire de la Livonie et de l'Esthonie comprend les rivières, lacs et marais de cette région ; un tableau en est dressé. D'après l'auteur même du travail, ce tableau est loin d'être complet en raison du défaut de matériaux. Quelques pages sont consacrées à l'étude des obstacles hydrographiques situés sur les diverses lignes d'opération, de Venden et Volmar à Fellin et Derpt.

Le travail relatif à la composition et à l'entretien des troupes du corps d'armée contient les tableaux suivants : compte des approvisionnements de fourrages jusqu'à un chiffre de 100,000 rationnaires ; calcul des munitions existantes dans les diverses fractions du corps d'armée ; calcul des munitions existantes dans les parcs d'artillerie ; situations en hommes et chevaux des diverses fractions du corps d'armée ; état des médecins et aides-médecins ; situation générale du corps d'armée ; état de chaque détachement séparé (ainsi que des approvisionnements et fourrages pour 7 et 30 jours).

Ressources locales de la Livonie et de l'Esthonie pour les vivres et fourrages (les documents servant de base à ce travail sont les mêmes que pour le corps de l'Est).

Dispositions générales pour le ravitaillement des troupes. Le mémoire résume en quelque sorte les deux précédents et en tire des conclusions relatives au ravitaillement, au service sanitaire, à l'artillerie, au tracé des lignes d'étapes.

Au sujet du ravitaillement des troupes, on y retrouve les mêmes remarques que dans le travail du corps de l'Est (ravitaillement par les moyens du pays en blé, viande, vin, insuffisance de quelques denrées, particulièrement du fourrage). Plus loin, sont déterminées les dispositions relatives au choix d'une base qui est la ville de Riga ; des points sont désignés pour les magasins ; le mode de les tenir au complet est indiqué. Des paragraphes spéciaux sont consacrés aux magasins mobiles des troupes, à l'ordre des distributions, et au remplacement des denrées. Pour le service sanitaire, le corps de l'Ouest organise 16 hôpitaux militaires temporaires, 4 lazarets mobiles de division, et tient compte des ressources des ambulances des troupes. D'après le plan arrêté, durant les premières opérations de guerre, la moitié des hôpitaux temporaires militaires demeure sur la base d'opération, les autres s'établissent de suite sur les derrières de l'armée et aux points d'étape. Pour les services de l'artillerie, est indiquée la répartition des parcs et autres convois, situés sur la base d'opération, et aux points d'étape.

Les approvisionnements d'artillerie de 1re ligne, les ateliers mobiles, en 2e ligne ; les établissements, direction des lignes d'étape et les points d'étape sont indiqués par catégorie.

A ce mémoire très détaillé se trouvent jointes en vue d'un

ordre général pour le corps d'armée, des règles pour l'approvisionnement de la troupe en fourrage, et pour les mouvements des convois.

Examen des routes de la portion septentrionale du théâtre des opérations, c'est-à-dire au nord de Derpt, Fellin, Pernow; la carte qui y est jointe est pourvue de signes conventionnels indiquant la condition des routes, ponts, gués, stations télégraphiques, magasins et autres renseignements analogues.

On peut voir d'après ce court aperçu des travaux préparatoires de chaque parti, quel en était le but et dans quel sens travaillaient leurs auteurs.

L'objet de ces travaux, relativement aux opérations ultérieures des corps d'armée, était de donner à leurs chefs une base administrative et stratégique régulière pour les combinaisons futures. Se trouvant pourvus de données exactes sur le pays théâtre des opérations, les deux partis se trouvaient à même de ne perdre de vue dans leurs combinaisons stratégiques, aucune des conditions locales qui jouent un si grand rôle dans la réalité.

INSTRUCTIONS DONNÉES AUX OFFICIERS

Tandis que s'exécutaient, de part et d'autre, les travaux préparatoires, le chef chargé de tout l'ensemble formulait « une instruction pour les officiers de l'état-major général » chargés des travaux de campagne. » Cette instruction exposait d'abord succinctement le but de ces travaux et l'ordre à suivre dans leur exécution. Chaque officier d'état-major avait à se considérer, non comme commandant des forces militaires, mais comme remplissant les fonctions de chef d'état-major, ou celles de plus ancien aide de camp. Pour donner aux travaux une marche régulière, chacun devait rédiger ses dispositions le soir et les transmettre, le même jour, au chef du travail en même temps que la besogne répartie aux subalternes. Tout devait s'exécuter en temps et lieu, d'accord avec le temps nécessaire aux mouvements de troupes d'après la disposition prescrite. Le chef directeur de tous les travaux avait les attributions d'arbitre et, en conséquence, se réservait de faire parvenir aux parties adverses des informations sur leur adversaire, et sur celles des opérations de cet adversaire susceptibles d'occasionner des dispositions particulières et inattendues.

En ce qui concerne la vérification des travaux, l'instruction l'attribuait au chef de chaque parti ou à ses auxiliaires immédiats, à charge de l'opérer sans aucun retard, et le jour même où le travail s'était accompli. Toutes les reconnaissances sur le terrain et plans de localités devaient s'exécuter sur l'échelle d'un pouce par 250 sagènes (1), les levés d'itinéraires à celle d'un pouce par verste. Comme conclusion, et en vue d'assurer l'exactitude des comptes rendus, l'instruction exigeait qu'un journal des opérations fût tenu de part et d'autre, et que chaque officier tînt aussi un journal quotidien personnel.

OPÉRATIONS EXÉCUTÉES SUR LA CARTE (2)

Dans l'hypothèse du problème, les forces du corps de l'Est étaient assez disséminées; le gros se trouvait à Valk, ayant en avant de lui deux avant-gardes; un détachement couvrait Fellin, un autre était à Verro, et deux régiments occupaient Vesenberg. Afin de commencer les opérations sur le terrain avec des forces plus concentrées, le chef des travaux prescrivit d'exécuter pendant quelques jours des mouvements sur la carte. A cet effet, le 17 mai, tous les officiers furent réunis dans les salles de l'Académie d'état-major Nicolas, et les deux partis procédèrent à des mouvements sur la carte d'après le système connu sous le nom de jeu de guerre (*kriegsspiel*).

Premier jour.

Conformément à la disposition générale donnée, le corps de l'Est se mit en mouvement de Verro, Fellin et Vesenberg pour se concentrer sur Valk; en même temps, des détache-

(1) 1 sagène=2m,134.—1 verste=1066m,78.—1 pouce=0m,0254.
(2) Voir pour l'ensemble une carte générale de Livonie et d'Esthonie, par exemple celle de l'Atlas de Stieler (no 37).

ments d'avant-garde étaient poussés sur Volmar, pour faire
des reconnaissances. Les officiers chargés de la conduite des
diverses colonnes auraient à observer les mesures nécessaires et à prendre toutes les dispositions nécessitées par
les circonstances.

Le corps de l'Ouest, de son côté, prit des dispositions pour
se diriger de Volmar sur Derpt. Pour la direction des forces
principales, au lieu de la grand'route, on prit un chemin tra-
versant la rivière de Cedde à l'église dite de l'Ascension.
Deux détachements chargés de couvrir les flancs et de réunir
des renseignements sur l'ennemi furent envoyés dans la direction de Fellin.

Après examen des positions, le chef du travail d'ensemble
fit connaître à chacun des partis celles des forces de l'adversaire que la réciprocité des mouvements le forçait à rencon-
trer. Des rencontres de ce genre eurent lieu à Lizden et Alt-
Volfart; lorsque, d'après la décision de l'arbitre les troupes
de l'Est durent battre en retraite, celles du corps de l'Ouest
s'emparèrent d'un passage de la rivière Cedde, à Louik; une
nouvelle rencontre suivit, sur la rivière Cedde, près l'église
de l'Ascension; il fut constaté par l'arbitre que les troupes concentrées par le corps de l'Est, ne permettaient
pas que le passage fût forcé ce jour-là. Cette décision termina la première journée des opérations militaires; les emplacements de bivouacs durent être désignés pour les troupes
ainsi que ceux des avant-postes.

Quelques jours plus tard, les officiers furent de nouveau
réunis à l'Académie pour y continuer le travail; dans le cours
de cette séance, il devint évident que d'après les cartes et
autres documents, il n'était pas possible de continuer ailleurs,
que sur le terrain. En conséquence, le jeu sur la carte fut
suspendu, et le chef suprême prescrivit aux deux partis
de diriger leurs officiers sur le terrain, pour y réunir les
notions et données indispensables.

Travaux des officiers sur le terrain.

Ces travaux commencèrent par une série de reconnaissances devant servir de point de départ aux dispositions de la deuxième journée d'opérations ; chaque officier d'état-major ou de troupe fut chargé de certains travaux, tels que reconnaissances sur place des routes, des rivières, des positions, avec comptes rendus écrits et croquis. Les officiers désignés pour rester à la disposition du chef suprême, reçurent des missions relatives aux reconnaissances des localités dans lesquelles, en se basant sur les plans d'opération des deux partis, il fallait s'attendre à des rencontres.

Le 30 mai, les officiers commencèrent à partir de Saint-Pétersbourg, pour accomplir leurs missions.

Le 7 juin, toutes les reconnaissances étaient terminées, et les dispositions du chef suprême étaient exécutées relativement à la réunion des deux partis sur deux points déterminés ; des cosaques leur étaient adjoints, et d'autres mesures préparatoires étaient prises.

Les reconnaissances des officiers, outre leur signification immédiate, comme travaux d'étude, présentaient un grand intérêt au point de vue de l'hydrographie et de la topographie de la province. Les rivières Cedde et Émbach supérieur furent bien reconnues, on nota le profil de leurs lits, les profondeurs, la rapidité du courant, les particularités des rives, etc.

Le 9 juin, les deux partis continuèrent leurs manœuvres stratégiques, et les opérations pratiques des officiers sur le terrain commencèrent régulièrement.

Deuxième jour.

D'après les dispositions arrêtées de part et d'autre, le 8 pour le 9 juin, les mouvements suivants furent prescrits.

Le corps de l'Est devait poursuivre sa concentration sous la protection de ses avant-gardes. Celle de droite avait ordre de garder les passages de la rivière Cedde à Spagge et à l'église de l'Ascension. En cas d'impossibilité de remplir cette

3

mission, il lui était prescrit de se retirer sur Stal-Pellede, puis, sur Kohenberg et Ermes.

L'avant-garde de gauche devait se retirer, en combattant, sur Anning, et défendre cette dernière position à outrance. Les détachements de Fellin, Vesenberg et Verro continuaient leur mouvement pour rejoindre les forces principales dans le voisinage de Valk à Ermes.

Le corps de l'Ouest reçut ordre de passer la rivière Cedde, à l'église de l'Ascension, et au village de Moundour, en face de Spagge.

Pour faciliter le passage sur ce dernier point, un régiment d'infanterie avec deux pièces de canon fut dirigé de Louik sur la rive droite de la Cedde. Après le passage exécuté, le corps de l'Ouest dut continuer son mouvement sur deux colonnes; celle de droite sur Kohenberg et Ermes, celle de gauche sur Pelled et Ossol. Le détachement de droite continua à marcher sur Anning.

Comme les opérations principales de ce jour devaient avoir lieu à l'Ascension, le chef suprême, avec les officiers qui lui étaient attachés, se rendit sur ce point afin de présider lui-même aux travaux. En outre, il fallait s'attendre à une rencontre vers Anning, il y envoya un arbitre.

Arrivé à 11 heures à l'église de l'Ascension, il inspecta la position des troupes du corps de l'Est, et ne trouva pas le travail complétement terminé; ce jour-là, depuis le matin, la pluie tomba à torrents, ce qui empêcha l'exécution des tra-vaux graphiques sur le terrain. A 11 heures et demie, il fut décidé que les troupes du corps de l'Ouest devaient commencer le passage à l'Ascension. A Stal, les troupes du corps de l'Est se concentraient en vue d'une nouvelle rencontre avec l'adversaire.

Vers 10 heures du matin, la colonne de gauche du corps de l'Ouest parvint à passer à Ramnek; elle passa à Ramnek et non à Moundour, comme il avait été dit dans les dispositions de la veille; en l'examinant de près, l'officier chargé de reconnaître le passage vit que Moundour était très défavorable pour cette opération. On constata que la première reconnaissance sur Moundour avait été faite trop vite et n'était pas satisfaisante.

De cette manière, vers midi et demi, les deux colonnes du

corps de l'Ouest opérèrent leur jonction; les travaux exécutés par le corps de l'Est pour occuper la position Stal-Pellede n'étaient pas encore terminés. Le chef suprême décida : que les officiers du parti de l'Est poursuivraient les travaux de défense entrepris sur cette position, sous le commandement immédiat du commandant du corps d'armée arrivant avec des renforts ; il fut prescrit aux officiers du corps de l'Ouest de faire, vers 2 heures, une reconnaissance des abords de leur adversaire, sans approcher des lignes de Stal-Pellede, en deçà de la portée du canon. A 2 heures, cette reconnaissance était terminée; immédiatement et sur le terrain, les dispositions d'attaque furent prises et les ordres nécessaires donnés.

Les opérations subséquentes de cette journée furent terminées vers 4 heures de l'après-midi, les chefs des partis se réunirent ensuite dans une ferme, où, une ligne de démarcation ayant été indiquée, les dispositions pour le jour suivant furent déterminées, ainsi que les travaux des officiers.

Outre la préparation et l'exécution des mouvements de cette journée, les travaux des officiers furent les suivants.

Les officiers du corps de l'Est choisirent des emplacements pour leurs troupes et exécutèrent le croquis des positions suivantes : l'Ascension, Spagge, Stal-Pellede, Kohenberg, Anning (ces trois dernières furent fortifiées) ; les bivouacs furent tracés et quelques reconnaissances exécutées. Les officiers du corps de l'Ouest firent en détail les dispositions du passage de la Cedde, au point de vue tactique et comme travaux du génie. Ils firent certaines reconnaissances, celles des abords des positions de Stal-Pellede et d'Anning, ainsi que les dispositions d'attaque. Tous ces travaux furent accompagnés de levés à vue et dispositions par écrit.

Troisième jour.

Comme en raison de l'attaque rapide du corps de l'Ouest, la concentration des forces de l'Est à Ermes et Valk paraissait impossible, le corps de l'Est reçut les ordres suivants, d'après lesquels il devait encore battre en retraite, dans le but de concentrer ses forces sur Derpt.

A cet effet, les troupes furent réparties en deux colonnes :

de Pedel sur Sarovez, et d'Ermes, Neichhof et Anning sur Teilitz. Les troupes d'arrière-garde marchèrent sur Leven-khof; le détachement qui se retirait sur Valerve fut dirigé sur Langenbrück avec ordre de contenir l'ennemi; une partie du détachement de Fesenberg dut continuer à marcher sur Fellin. Le même jour, le détachement de Verro rallia les autres forces à Teilitz.

Le corps de l'Ouest poursuivit sa marche, en avant de Koustoul, par Kohenberg sur Valk en deux colonnes; celle de gauche fournit un détachement sur Valerve. La réserve du corps fut dirigée sur Ermes.

Dans cette journée, il n'y eut pas collision. Pendant la retraite des colonnes du corps de l'Est, ses officiers s'attachèrent à choisir des positions d'arrière-garde et à les faire occuper. Le passage du haut Embach à Teilitz fut reconnu avec soin, et un officier du génie prit des mesures pour le fortifier.

Les officiers du corps de l'Ouest reconnurent plusieurs chemins par lesquels ils se proposaient de poursuivre leur marche; ils choisirent des positions à Ermes, Neichhof et à Valk, pour le cas où leur adversaire, recevant des renforts, viendrait à prendre l'offensive. Mais les occupations principales dans les deux partis se bornèrent, ce jour-là, au choix et à la répartition des bivouacs des troupes ainsi qu'au placement des avant-postes. Il n'est pas fait plus ample mention des travaux des officiers, par exemple, des dispositions et ordres par écrit, attendu qu'on les exécutait chaque jour sans exception, en même temps que le reste.

Après deux jours d'occupation sur le terrain, pendant lesquels chaque officier avait parcouru plusieurs dizaines de verstes à cheval, il était nécessaire d'avoir du repos. Bien que la majorité des officiers fût passée sans transition d'occupations de cabinet à un travail excessif, personne ne se plaignit d'être fatigué; il se produisit cependant deux ou trois cas d'indispositions sérieuses, et deux officiers durent rentrer à Pétersbourg.

Le jour de repos fut employé des deux parts à classer les travaux et comptes rendus.

Quatrième jour.

Le 11 juin fut consacré au repos. Le 12, les opérations furent reprises. Le corps de l'Est poursuivit sa retraite sur Derpt, couvert par des arrière-gardes qui avaient pour mission de contenir l'ennemi au passage de l'Embach. Les forces principales se retirèrent de Teilitz sur Kour, et de Sarovez sur le passage de Beckhof; en même temps la réserve du corps était dirigée sur Pekokul et le détachement de droite sur Roulimoïz. Les troupes de Vesenberg se réunirent au détachement de Fellin.

Le corps de l'Ouest, ayant pour objectif immédiat de repousser l'adversaire au delà de l'Embach et, pour cela, de s'emparer des passages de cette rivière, marcha avec deux colonnes principales sur Teilitz et le long de la rive gauche du haut Embach sur Beckhof. Il fut prescrit à la réserve de marcher d'Ermes sur Valk pour y attendre des ordres ultérieurs; le détachement de gauche poursuivit son mouvement par Valerve sur Beckhof.

La position réciproque des adversaires présentait ce jour-là des particularités intéressantes et instructives. Le corps de l'Est était maître du cours de l'Embach depuis Teilitz et jusqu'à Langenbrück, mais ses forces étaient séparées par cette rivière. Le corps de l'Ouest qui avait pour but de passer l'Embach, devait d'abord repousser l'ennemi, et, ensuite, exécuter le passage. En raison de ces circonstances, on pouvait s'attendre à des rencontres, tant à Teilitz que sur le chemin de Beckhof. En conséquence, le directeur suprême à qui l'état de sa santé ne permit pas ce jour-là d'aller sur le terrain en personne, donna des instructions à trois de ses officiers, les envoya pour assister aux opérations de chaque parti, et leur confia les fonctions d'arbitres pour transmettre aux parties adverses les informations nécessaires à l'exécution des opérations.

A Teilitz, les travaux se bornèrent, pour le corps de l'Est, à l'occupation d'une position en arrière du passage, et, pour celui de l'Ouest, aux préparatifs d'attaque de cette position. Mais, ayant appris par les arbitres que de Teilitz des forces considérables des trois armes étaient parties le matin dans la direction de Sarovez, et que, du côté de Khoumelskof, on entendait un engagement, le parti de l'Ouest se borna à entretenir contre Teilitz un feu d'artillerie, et la moitié des forces disponibles fut dirigée de la position de Teilitz pour soutenir la colonne de gauche en marche sur Sarovez. Deux engagements eurent lieu sur le chemin suivi par la colonne de gauche du corps de l'Ouest : l'un sur la position d'arrière-garde du corps de l'Est, qui fut promptement abandonnée par ce dernier, et l'autre sur la position de Sarovez. Cette position avait été de bonne heure étudiée par le chef du parti de l'Est accompagné de plusieurs officiers à qui fut confiée la défense des diverses parties de la position. Quand les troupes furent disposées et que leur emplacement eut été rapporté sur un croquis, l'officier arbitre fit connaître au chef du corps de l'Ouest qui arrivait avec ses officiers devant la position, le déploiement des batteries du corps de l'Est. Le parti de l'Ouest procéda de suite à la reconnaissance des abords de la position. Des officiers reconnurent les chemins menant sur ses flancs et sur son centre, et les dispositions d'attaque furent prises. Comme les forces de l'assaillant et la direction de l'attaque indiquaient que les défenseurs seraient forcés à battre en retraite, le chef du parti de l'Est jugea à propos d'en donner l'ordre ; les officiers du corps de l'Est qui occupaient la position battirent en retraite avec leurs troupes, en se conformant aux dispositions qu'on eût dû suivre dans un combat réel. On se proposait d'abord d'occuper en arrière de Sarovez une autre position à Koumelskhof, mais quand les troupes de l'Est y furent parvenues, les inconvénients de cette position devinrent évidents ; un bois épais s'étendait jusqu'à un de ses flancs et permettait à l'ennemi d'en approcher à couvert ; on continua donc la retraite jusqu'à Beckhof où se trouve un des passages de l'Embach ; le corps de l'Ouest dut s'arrêter à Assikaz.

Le détachement de droite du corps de l'Est en marche sur Langenbrück fut attaqué par le détachement du corps de l'Ouest qui le poursuivait, le repoussa et continua sa marche sur Roulimoïz.

Outre les travaux liés d'une façon immédiate avec la marche des opérations militaires ci-dessus décrites, les officiers du corps de l'Est eurent à choisir des positions d'arrière-garde sur la route de Langenbrück à Ringer, à déterminer une grande position pour toutes les forces du corps de l'Est sur la grande route de Derpt (celle-ci fut choisie à Pekokul), à disposer les bivouacs et les avant-postes. Les officiers du corps de l'Ouest exécutèrent une série de reconnaissances des localités dans lesquelles s'avançaient leurs troupes, et ils déterminèrent une position entre Valk et Teilitz pour faire face à une attaque éventuelle de l'ennemi.

Le jour suivant, 13, qui était un dimanche, les travaux furent suspendus ; les officiers consacrèrent une partie de la journée à mettre en ordre les mémoires, descriptions et rapports.

Cinquième jour.

D'après les dispositions adoptées, le 14, le corps de l'Est dut battre en retraite avec toutes ses forces sur la position déjà reconnue et mise en état de défense de Pékokul. A cet effet, les troupes qui étaient à Beckhof durent pendant quelque temps, contenir l'ennemi au passage de l'Embach et, après qu'il eut déployé ses forces se retirer sur Pékokul. Sur ce dernier point furent dirigées toutes les forces de Teilitz. Les troupes arrivées la veille à Pékokul furent occupées à fortifier cette position ; le détachement de droite eut ordre de marcher de Roulimoïz par Langenbrück sur Puchast. Il fut prescrit au détachement de Fellin de menacer les communications de l'adversaire.

Le corps de l'Ouest fut mis en marche sur Kouïkatz et Levenkhof par les deux rives du haut-Embach, en trois colonnes qui devaient être à même de communiquer ensemble. La colonne de droite marcha de Teilitz, celle du centre passa à Sokki, lieu de passage reconnu avec succès par les officiers du corps de l'Ouest ; la colonne de gauche dut repousser l'ennemi de Beckof et marcher sur Sontag.

Considérant qu'une rencontre à Beckhof était inévitable, le chef suprême y envoya deux de ses officiers qui assistèrent aux combinaisons de lutte et donnèrent aux parties adverses les indications nécessaires. Comme la position en avant du passage de Beckhof était fortifiée par les troupes de l'Est, la marche en avant du corps de l'Ouest sur ce point nécessitait une série de dispositions qui furent exécutées avec une grande précision. Après avoir évacué Beckhof, les troupes du corps de l'Est s'arrêtèrent encore à Soutag, où eut lieu un léger engagement; des rencontres semblables eurent lieu sur le flanc gauche de ces troupes à Roni et Poulga (à l'ouest de Roni).

Outre les travaux occasionnés par la rencontre qui eut lieu au passage de Beckhof, les officiers du corps de l'Est furent, ce jour-là, occupés principalement du choix des bivouacs et du placement des avant-postes. Le même jour eut lieu une reconnaissance détaillée de la position de Pékokul et de ses abords sur chaque flanc. Les officiers du corps de l'Ouest reconnurent les routes en avant d'eux, choisirent les bivouacs de leurs troupes et une position pour leur avant-garde à Kouïkatz; ils placèrent une ligne d'avant-postes.

Dans la soirée de ce jour, le chef suprême introduisit parmi les éléments du problème les données suivantes, qui furent communiquées aux corps de l'Est et de l'Ouest.

Le corps de l'Est reçut l'avis suivant :

« On est informé que l'armée principale de l'Ouest a franchi » Ostrow (1) et marche sur Pskow; sur Verro est dirigé un » détachement destiné à maintenir la communication avec le » corps de l'Ouest. Ce détachement consiste en trois régi- » ments d'infanterie, une batterie à pied, une brigade de ca- » valerie; il ne peut pas arriver à Levenkhof avant le 15 » courant. »

En même temps arrivait l'ordre suivant du grand quartier général de l'armée de l'Ouest :

« Sans attendre le détachement de Verro, attaquer l'ennemi » et s'efforcer de le battre avant qu'il ait reçu des renforts » qui, d'après des renseignements peu précis parvenus au » quartier général, lui seraient envoyés de Pétersbourg et de » Narva. »

Il était annoncé au corps de l'Est : « Que six bataillons de » marche sont en route pour le renforcer. »

Les nouvelles données du problème amenaient, comme con-

---

(1) Voir une carte générale.

séquence inévitable, l'attaque de la position de Pekokul par le corps de l'Ouest; ce qui était le premier essai des combinaisons tactiques sur une grande échelle.

Sixième jour.

De son côté, le corps de l'Est était entièrement prêt à recevoir l'attaque. Dans ses dispositions du 15, il était prescrit à toutes les forces d'occuper leurs positions de combat. En ligne étaient deux divisions d'infanterie avec leur artillerie, renforcée d'une batterie de 9 de la réserve, et un régiment de cavalerie; en réserve, une demi-division d'infanterie et trois régiments de cavalerie.

Le soin d'observer les flancs était confié aux cosaques, et, en outre, un régiment de cosaques avait ordre d'opérer sur les communications de l'ennemi, par Langenbrück, sur Alt-Bokenkhof. Le corps de l'Ouest, en raison de l'accès favorable du flanc gauche de la position Pekokul, et pour garder la ligne de retraite sur Levenkhof, reçut l'ordre d'attaquer la position d'après les dispositions suivantes : deux divisions furent dirigées contre le flanc gauche et le centre, par Khastoufer; une brigade contre le flanc droit, par la grande route; la réserve comprenant une division, plus la réserve d'artillerie.

Toute la cavalerie avec l'artillerie à cheval fut destinée à exécuter une reconnaissance préalable de la position.

Le 15, à onze heures du matin, la position de Pekokul fut inspectée par le chef suprême en personne; les emplacements des troupes étaient désignés par les officiers, et ceux des batteries indiqués en détail, au moyen des cosaques. Le chef suprême, après avoir examiné la position, fit part au commandant du corps de l'Est de la direction des attaques de l'ennemi, et l'invita à prendre des mesures pour le repousser. En conséquence, des ordres furent immédiatement donnés aux troupes du corps de l'Est. Sur ces entrefaites, le corps de l'Ouest, après une reconnaissance rapprochée des abords de la position adverse, modifia la direction arrêtée la veille pour l'attaque; l'attaque principale fut dirigée contre le saillant de la position, par Soper. Ayant pris connaissance de la position et des dispositions des troupes du corps de l'Est, le chef suprême se rendit au corps de l'Ouest, et, s'appuyant d'une part sur les considérations générales, de l'autre, sur celles des renforts envoyés, d'après les nouvelles de la veille, au corps de l'Est, il démontra au chef du corps de l'Ouest que, son attaque étant repoussée, le corps de l'Est passait dès lors à l'offensive. En raison de ce changement dans les affaires, il fut prescrit au corps de l'Ouest de choisir immédiatement une position ; au corps de l'Est, de se disposer pour la marche en avant.

La position défensive du corps de l'Ouest fut choisie en arrière à 3 verstes de Pekokul.

Les travaux de reconnaissance de la position furent exécutés très rapidement : une heure et quart après que l'ordre de retraite eut été donné, le chef suprême put inspecter la position choisie pour le corps de l'Ouest, et recevoir les explications verbales les plus détaillées sur l'emplacement des troupes ; les batteries placées sur les points dominants étaient indiquées au moyen de cosaques.

Le choix de cette position termina pour la journée le travail des officiers du corps de l'Ouest ; les officiers du corps de l'Est continuèrent à reconnaître les abords de la position de l'adversaire, et conduisirent les troupes à l'attaque ; mais, la position du corps de l'Ouest étant forte, et, de plus, des renforts étant censés lui arriver de Verro, le chef suprême décida que l'attaque du corps de l'Est serait considérée comme étant repoussée, et que les troupes reprendraient leur première position. Cette combinaison de luttes hypothétiques fut terminée à quatre heures de l'après-midi.

Dans cette journée, les officiers des deux partis furent employés aux divers travaux relatifs à l'attaque et à la défense, ainsi qu'aux reconnaissances s'y rattachant.

Septième jour.

Le 16, le corps de l'Est, continuant sa retraite, se retira par la grande route de Derpt sur Terafer, et prit ses bivouacs après avoir placé des avant-gardes à Pirnak et Loukakul. Le corps de l'Ouest reçut ordre de marcher en avant et d'attaquer l'adversaire, si celui-ci tient sur ces positions ; dans le cas contraire, de continuer sa marche en arrêtant ses têtes de colonnes à Oudern. Dans cette journée, le côté stratégique des travaux consista dans des mouvements de troupes sans engagements, et les travaux des officiers se bornèrent au compte rendu des mouvements, au choix des bivouacs et à l'établissement des chaînes d'avant-postes. Une position fut choisie à Oudern pour l'avant-garde du corps de l'Ouest, pour le cas où le corps de l'Est passerait à l'offensive. Une attention particulière fut donnée au choix des bivouacs. Tous les officiers y furent employés, ainsi qu'au placement de la chaîne d'avant-postes pour laquelle chaque officier eut à déterminer en moyenne une étendue de 5 verstes et quelquefois plus. Comme tous les autres, ces travaux furent accompagnés de croquis, descriptions et indications conventionnelles de l'emplacement de chaque poste.

Huitième jour.

Après le repos du 17 juin, pendant lequel les troupes restèrent dans leurs emplacements, les mouvements furent continués le 18; le corps de l'Est, avec toutes ses forces, se retira sous Derpt dans une position qu'il dut mettre en état de défense.

Le corps de l'Ouest se porta en avant sur deux colonnes principales, de Schloss-Ringer et Khellenorm sur Terafer et Viopap, dans le but d'attaquer l'adversaire sous Derpt, et de le rejeter au delà de l'Embach. Cette détermination était en désaccord avec le premier projet du corps de l'Ouest qui était de tourner son adversaire en franchissant l'Embach au-dessous de Derpt. Elle fut prise à la suite d'une communication du chef suprême d'après laquelle l'adversaire s'attendait à recevoir des renforts; l'ordre était envoyé du grand quartier général au corps de l'Ouest d'avancer, de chercher des rencontres avec l'adversaire et de s'efforcer d'occuper Derpt, ainsi que la rive droite de l'Embach.

Dans cette journée, les officiers du corps de l'Est durent étudier en détail la position de Derpt, son front, ses flancs, son étendue intérieure; ils eurent à faire des projets de mise en état de défense et de répartition des troupes, à prendre des dispositions dans le but de passer sur tel ou tel point à l'offensive, et aussi à prendre des dispositions dans l'éventualité d'une retraite sur la rive gauche de l'Embach. Les officiers du corps de l'Ouest choisirent une position d'avant-garde à Neu-Niggen, reconnurent la position de Terafer pour le cas d'une retraite sous Derpt, choisirent les emplacements et les bivouacs de toutes les parties du corps d'armée. Des deux côtés les officiers étudièrent le placement des avant-postes.

Neuvième jour.

Le 9e et dernier jour des travaux de campagne fut consacré aux combinaisons d'une lutte sous Derpt. Le corps de l'Est occupait la position, de manière à avoir en ligne deux divisions d'infanterie avec toutes les batteries de 9 du corps; en réserve, une division d'infanterie et 2 brigades de cavalerie. Une brigade d'infanterie et les cosaques couvraient le flanc gauche et le cours de l'Embach jusqu'à Kaster.

Le chef suprême des travaux, ayant inspecté la position du corps de l'Est, fit connaître que les renforts attendus de Narva pouvaient arriver à Derpt vers midi, et invita à prendre des dispositions pour leur faire passer l'Embach et les mettre en position. Le corps de l'Ouest marcha sur Derpt en deux colonnes, celle de droite par la route de Verro, celle de gauche par la grande route de Valk. Le chef du corps de l'Ouest, renseigné par les officiers chargés de reconnaître les abords de la position ennemie, et informé par le chef suprême du déploiement des forces et des dispositions de défense de l'adversaire, prescrivit une attaque générale et prit toutes ses mesures pour la lutte. L'attaque fut décidée contre le flanc droit et le centre du corps de l'Est, dans le but de couper ses communications avec l'Embach. Quand les dispositions d'attaque furent prises, le chef suprême fit connaître au corps de l'Ouest que le corps de l'Est, ayant reçu des renforts, prenait l'offensive par son flanc droit. En conséquence, le corps de l'Ouest dut battre en retraite. Là se terminèrent les travaux sur le terrain.

Dans cette journée, les officiers du corps de l'Est mirent leurs troupes en position, puis préparèrent le passage à l'offensive. Les officiers du corps de l'Ouest choisirent une position pour l'éventualité de la retraite et reconnurent les abords de la position adverse.

CONCLUSION DU CHEF DES TRAVAUX

Le but du présent compte rendu est de faire connaître aux chefs de corps, ainsi qu'aux officiers de l'état-major général, l'organisation des travaux d'état-major, les détails de leur exécution et de provoquer leurs observations à cet égard. *Cette question est pour nous entièrement nouvelle*, il en résulte donc que les débuts ne peuvent être considérés comme parfaits; beaucoup de défauts, dans l'exécution même, ont été rectifiés au fur et à mesure qu'ils se manifestaient, mais précisément pour cela, les chefs chargés de la direction des travaux ont été convaincus de la possibilité et de l'absolue nécessité de profiter des leçons de l'expérience, en donnant, à l'avenir, plus d'étendue et de responsabilité aux travaux de campagne des officiers d'état-major, et en les dirigeant, non-seulement comme études, mais encore au point de vue pratique.

Le côté apparent, ainsi que le résultat principal et utile de notre premier voyage de campagne, est que tous les officiers ayant pris part aux travaux, sont tous, sans exception, fermement convaincus de la nécessité de les renouveler, afin d'acquérir la pratique nécessaire du service en temps de guerre. Tous ont senti que les travaux de campagne mènent au développement des facultés les plus essentielles à l'homme de guerre, qu'enfin c'est le meilleur moyen pour familiariser d'une manière détaillée et exacte l'officier d'état-major avec la topographie et l'administration du pays. Pour tous, il a été évident que les travaux de campagne favorisent le développement des forces physiques, et habituent à supporter la fatigue et les privations de la vie de bivouac. Dans les derniers jours du voyage, aucun des officiers n'a éprouvé de fatigue; cependant, ils commençaient leurs travaux à 8 heures du matin et ne s'arrêtaient aux points de réunion que vers 3 ou 4 heures de l'après-midi; il est arrivé plus d'une fois que des officiers, en particulier ceux qui avaient à placer des avant-postes, ne prenaient de repos qu'à

8 ou 9 heures du soir, après être montés à cheval à 8 heures
du matin, en même temps que leurs camarades. En même
temps que cet endurcissement à la fatigue, une autre faculté
se développait chez les officiers : — le coup d'œil. Les officiers s'habituaient à s'orienter rapidement sur le terrain, à
lire exactement la carte, à apprécier la valeur militaire des
localités. La faculté de concevoir rapidement des dispositions
militaires se développaient en eux; plusieurs fois par jour, il
leur arrivait après une reconnaissance parfois très rapide, de
décider du choix d'une position, du choix de la direction à
donner à une attaque, d'un dispositif de bivouacs ou d'avant-
postes, et l'exécution devait suivre immédiatement la décision;
l'officier exécutait comme responsable un rapport, une description, un croquis. Le terme fixé pour les travaux faisait
comprendre la nécessité d'adopter les déterminations les plus
simples et les plus promptes, sans chercher à atteindre une
exactitude et une perfection idéales, mais en saisissant ce qui
est essentiel et réel. L'exécution des croquis sur le terrain
devenait nécessaire, beaucoup de travaux s'exécutaient même
sans mettre pied à terre. Les travaux descriptifs, nécessitant
plus de propreté et d'exactitude, étaient faits par les officiers
après leur retour et après leur repas.

Sur les points de réunion, les officiers mettaient en ordre
les travaux faits sur le terrain; chacun d'eux présentait son
journal; les plus anciens officiers prenaient part à l'appréciation et à la préparation des dispositions pour le jour suivant.

Malgré toutes ces occupations, souvent très fatigantes, les
officiers, tant de l'état-major que de troupe prenant part aux
travaux, étaient gais et vigoureux. Ils s'étaient accoutumés à la
vie de campagne, au point que beaucoup regrettaient de voir
la fin des travaux. Cette disposition des officiers et le bon résultat général de notre premier essai, doivent être attribués à
l'intérêt de la question, au zèle extraordinaire que tous ceux
qui prenaient part à ces travaux mirent à s'en acquitter ; enfin
à l'intelligence et au tact de tous ceux qui furent appelés à diriger des groupes.

Certainement beaucoup de points faibles se sont aussi ma-
nifestés, non seulement dans l'organisation et la conduite des
travaux, mais dans les travaux même des officiers; il con-

vient d'insister particulièrement sur ces côtés faibles, pour éviter dans l'avenir la répétition des fautes et des erreurs de jugement.

Il faut, pour instituer les voyages de campagne, d'après des principes durables, y mettre le discernement le plus attentif et le plus varié; car, du développement de ces travaux, dépendra en partie le succès de la préparation de notre armée pour la guerre.

Pour examiner les travaux, au point de vue critique, il convient de le faire en détail.

I. — APPRÉCIATION DES TRAVAUX PRÉPARATOIRES

Un mois environ fut consacré à ces travaux, délai suffisant si les officiers qui y prirent part, s'y étaient exclusivement consacrés. Mais, de fait, il n'en était pas ainsi; tous nos officiers de l'état-major général ont, outre des travaux de chancellerie obligatoires, beaucoup d'occupations spéciales, études d'instruction ou littéraires; par conséquent, chacun ne pouvait consacrer aux travaux préparatoires du voyage que de rares heures de loisir. Cela rendait parfois difficile même le choix des heures de réunion nécessaires pour arrêter les dispositions générales. Il est arrivé qu'on a dû attendre que tel ou tel officier eût fini un travail spécial.

Si on a en vue que les travaux préparatoires des voyages de campagne sont de ceux auxquels il est absolument nécessaire d'habituer les officiers de l'état-major général; que, dans l'avenir, ces travaux auront une signification encore plus pratique, particulièrement par les recherches militaires topographiques *à exécuter sur les portions du territoire national qui pourraient devenir le théâtre d'opérations de guerre,* il semble que ces résultats sont assez importants pour que, si on veut les atteindre en temps utile, on affranchisse les officiers d'état-major désignés pour ce travail de certaines occupations de chancellerie; on ferait commencer les travaux préparatoires à la fin de l'hiver, en sorte qu'il seraient non-seulement terminés, mais encore vérifiés avec soin avant qu'on aille sur le terrain.

Au point de vue d'ensemble, on ne peut considérer comme

entièrements satisfaisants les travaux de tous les officiers pour le voyage actuel; quelques mémoires sont, sans doute excellents, d'autres laissent beaucoup à désirer, particulièrement s'il s'agit d'accorder les appréciations qu'ils renferment, avec le plan général d'opérations. Il n'était pas possible de songer à les vérifier exactement, car la plus grande partie des mémoires avait été remise au chef de l'expédition, la veille du départ de Pétersbourg, c'est-à-dire, au moment où les travaux sur le terrain devaient absorber toute l'attention. L'examen des mémoires, fait après le voyage et dans le but de les corriger, demandait un travail, qui, dans l'hypothèse admise, eut présenté peu d'intérêt; car les considérations exposées dans les mémoires, ont trait à des localités qui, selon toute probabilité, ne sont pas destinées à être le théâtre d'opérations de guerre.

II. — TRAVAUX SUR LA CARTE. — JEU DE GUERRE

Au mois de mai, deux soirées furent consacrées à ces travaux, un jour aux combinaisons; le second jour, ainsi qu'on l'a dit plus haut, et bien que les troupes du corps de l'Est n'eussent pas encore réussi à se concentrer, il fut décidé qu'on se transporterait sur le terrain.

Il eût été convenable de consacrer plus de temps aux combinaisons d'opération sur la carte, et, à cet effet, en établissant les données du problème, d'assigner aux troupes adverses des positions telles qu'elles eussent été, de part et d'autre, éloignées de quelques marches; on eût pu ainsi commencer de chaque côté les travaux de mobilisation et de concentration sur le théâtre des opérations militaires.

On n'a pas donné, cette année, à cette partie du travail, le développement nécessaire, parce qu'on avait commencé trop tard, et pour d'autres causes déjà mentionnées dans le compte rendu de l'expédition; on ne doit pas perdre de vue, pour l'avenir, que, surtout pendant la période des travaux préparatoires, les combinaisons sur la carte donnent aux officiers d'état-major, particulièrement à ceux qui ont à commander un parti, le moyen de préparer individuellement la combinaison des divers éléments stratégiques. Dans les travaux ultérieurs sur le terrain, les éléments stratégiques subissent inévitablement des modifications ; en outre, sur le terrain, il faut, qu'outre le plan d'ensemble, tous les officiers prenant part au travail sachent apprécier la part de service qui leur revient eu égard à leur spécialité, c'est-à-dire les divers travaux tactiques, topographiques et administratifs.

III. — TRAVAUX D'ADMINISTRATION ET DE STATISTIQUE MILITAIRES

Ces travaux se bornèrent exclusivement aux mémoires dont il a été parlé plus haut, dans la première partie de cette ana·lyse ; ils furent établis avant que les partis se fussent rendus sur le terrain. Pendant l'expédition même, un seul travail sérieux d'administration militaire se présenta. Il fut exécuté par le colonel d'état-major Lobko, à qui, le 15 juillet, il fut prescrit de faire un projet détaillé pour l'établissement d'une nouvelle ligne de communication, dans le cas où, par l'effet d'un insuccès, le corps de l'Ouest serait obligé de se retirer, non par la route suivie, c'est-à-dire de Valk à Derpt, mais par Verro sur Volmar.

On ne saurait considérer, comme suffisante, l'étendue donnée aux travaux d'administration et de statistique militaires. Dans l'avenir, surtout quand les expéditions d'état-major auront reçu une direction plus pratique, pour familiariser les officiers avec notre pays et avec les localités pouvant devenir le théâtre d'opérations militaires, il conviendra de donner à cette question, une part d'attention beaucoup plus grande; alors seront complétés nos résumés récents de statistique militaire et les rectifications qu'ils peuvent comporter ; on pourra aussi résoudre sur le terrain divers problèmes d'administration militaire. Ces travaux cesseront ainsi d'être des compilations faites sur un thème donné, et ceux qui les exécuteront en se-ront responsables. Il paraît possible d'établir alors des projets tels que cantonnements des troupes, leur approvisionnement en blé, viande, fourrages, organisation des transports, non-seulement d'après les matériaux imprimés et en se bornant aux descriptions de statistique militaire, mais en s'assurant le concours des fonctionnaires civils et de police, afin d'établir

les plans sur des données réelles et pratiques. La création
des étapes, le choix des emplacements pour hôpitaux et magasins serait décidé d'après des reconnaissances et enquêtes
détaillées; les plans des officiers chargés de ce travail seraient vérifiés sur place par le chef chargé de la direction.

L'expédition actuelle nous a fourni des preuves nombreuses
de la nécessité de mettre à jour et de compléter les données
statistiques militaires de notre territoire.

On avait eu l'intention de donner à la partie de l'adminis
tration et de l'économie militaires un développement plus
considérable, mais pour des raisons particulières, cela n'a
pas eu lieu.

Peut-être à l'avenir sera-t-il reconnu utile d'adjoindre aux
expéditions des fonctionnaires de l'intendance, afin de satis-
faire aux nécessités du service de guerre.

IV. — TRAVAUX TACTIQUES ET DE TOPOGRAPHIE MILITAIRE
SUR LE TERRAIN

Ces travaux, comme on l'a vu par le compte rendu, ont
été nombreux et variés. Ils ont consisté : en reconnaissances
de routes, rivières, abords de positions, levés de localités, etc.; choix de positions pour les forces principales des
corps, pour les avant-gardes et arrière-gardes, ainsi que le
placement des troupes sur ces positions; en projets de mise
en état de défense et d'établissement de passage; choix et
répartition de bivouac pour des forces variables, choix de lignes d'avant-postes et placement des postes.

Si on ajoute à ces travaux ceux qu'exécutent les officiers
dans les journées de lutte, où chacun reçoit et doit transmettre des ordres verbaux, il est évident que, pendant tout le
temps passé sur le terrain, c'est-à-dire de 7 à 10 heures
par jour, les officiers ont, presque sans interruption, tra-
vaillé à la solution de problèmes de topographie militaire et
de tactique.

Les premiers travaux de campagne des officiers eurent pour
objets de reconnaître les localités dans lesquelles avaient eu
lieu la première journée d'opérations qui, comme on l'a vu,

avait été faite à Pétersbourg. Ils durent reconnaître les routes, cours d'eau, positions et lieux de bivouac pour établir les données d'après lesquelles chaque parti devait poursuivre ses opérations ultérieures.

A tous ces travaux préparatoires furent consacrés de 5 à 9 jours; quelques officiers quittèrent Pétersbourg le 30 mai, d'autres le 2 juin; le 8, tous devaient présenter les travaux qu'on leur avait confiés.

Pendant ces travaux préliminaires, comme pendant la période des opérations, les officiers exécutaient en même temps des levés de positions, bivouacs, itinéraires, etc.; mais il était prescrit aux chefs des deux partis de ne pas exiger des officiers que chaque mission remplie fût immédiatement accompagnée d'une reprodution graphique de la localité explorée; dans les travaux à exécution rapide, tels que, par exemple : la reconnaissance des abords d'une position ennemie, la direction à donner aux troupes chargées d'une attaque, ou les mouvements nécessaires pour des changements de position, les officiers n'avaient pas le temps de dessiner, ils devaient apprendre à connaître rapidement une position en la parcourant. Après ces reconnaissances rapides, les officiers rendaient compte verbalement, à leurs chefs, des observations faites ou des dispositions prises; les chefs, à leur tour, d'après les renseignements fournis et leurs observations personnelles des localités, donnaient fréquemment sur le terrain, verbalement ou par écrit, leurs ordres définitifs pour un mouvement ou un combat. On s'en tenait dans les deux partis à ce mode d'exécution; mais, dans les dispositions de détail, il existait quelques différences entre les corps de l'Est et de l'Ouest.

Fréquemment, dans le parti de l'Est, les travaux relatifs, par exemple, à la répartition des troupes sur des positions, étaient exécutés par un groupe complet d'officiers sous la direction immédiate du chef; dans le parti de l'Ouest, le travail était plutôt réparti séparément entre divers officiers, et leur chef les vérifiait successivement sur le terrain.

Avant d'en venir à l'appréciation des travaux exécutés par les officiers sur le terrain, il faut faire la remarque suivante : quoique, en principe, ces travaux doivent fournir aux officiers le moyen de faire preuve de leur aptitude à des devoirs d'un ordre élevé, si on tient compte de la nouveauté de la question, et de diverses autres circonstances indépendantes de la volonté ou du désir des officiers, il eût été malaisé d'apprécier équitablement et impartialement les efforts individuels des membres de l'expédition.

En se basant sur ces considérations, il a semblé suffisant pour la première fois de se borner à quelques remarques générales sur cette question, remarques faites d'après un examen attentif des facultés des officiers pendant la durée de leurs travaux sur le terrain.

Dire que tous les officiers d'état-major participant à l'expédition seraient entièrement aptes à remplir leurs devoirs en temps de guerre ne serait pas exact; plusieurs des officiers, particulièrement ceux qui, depuis longtemps, n'avaient pas servi près des troupes, éprouvaient surtout au commencement de l'expédition, de l'embarras pour formuler nettement leurs idées au sujet des dispositions ou mouvements des détachements auxquels ils étaient attachés. Si tous faisaient preuve d'une aptitude militaire théorique suffisante, beaucoup, il faut le dire, rapportèrent de l'expédition la conviction arrêtée qu'une étude fréquente sur le terrain était indispensable pour acquérir la pratique des devoirs spéciaux du service d'état-major. D'autre part, les officiers qui assistent tous les ans aux réunions et aux manœuvres des camps, étaient obligés de reconnaître que, pendant la durée de l'expédition, il se présentait, au point de vue du service spécial d'état-major, des circonstances variées, dont le service près des troupes ne présente que de très rares exemples.

Si ces conclusions sont vraies, si les travaux de campagne des officiers de l'état-major général sont institués chez nous sur des bases solides, alors devrait-on admettre comme règle : l'obligation, pour tous les officiers d'état-major sans exception, de prendre part annuellement à un voyage de campagne; pour les autres, au moins tous les deux ans; il ne conviendrait pas de faire d'exception, *même pour les officiers généraux*.

Dans les deux partis, les comptes rendus étaient exécutés de la même façon. Il était prescrit à tous les officiers de tenir leur journal au courant, d'y mentionner chaque jour les prescriptions et travaux, l'ordre de leur exécution avec leurs observations sur les inexactitudes et omissions de la carte. Chaque parti, conformément à l'instruction, présentait chaque jour au chef suprême les dispositions pour le jour suivant, l'emplacement des bivouacs de troupes, et la répartition du travail du lendemain entre les officiers. Chaque parti tenait un journal des opérations militaires avec exposé exact et motivé de l'exécution des manœuvres. Tous les croquis et travaux écrits des officiers étaient réunis chaque jour pour être joints au journal des opérations. Enfin, un des officiers attachés au chef de l'expédition tenait le journal général des opérations des deux partis.

V. — MANIÈRE DE VIVRE DES OFFICIERS SUR LE TERRAIN

Les officiers étaient montés avec des chevaux de cosaques. Ce moyen est anormal, et il conviendrait d'y renoncer aussi promptement que possible ; chaque officier doit avoir à lui un cheval en état de supporter des marches ; peut-être serait-il juste d'exiger que les officiers d'état-major servant près des troupes fussent pourvus de deux chevaux de selle.

La question de la remonte pour l'état-major général est très importante. Pour l'établir régulièrement, des mesures de deux espèces semblent utiles :

1º Exiger que les officiers aient de bons chevaux ;

2º Leur donner le moyen de les acquérir et de les entretenir.

Il ne serait pas juste de s'en tenir à un seul des deux points, car si les ressources des officiers d'état-major ne les garantissent pas toujours de la gêne, il y aurait peut-être encore plus d'inconvénients à les favoriser au point de vue de l'achat et de l'entretien des chevaux, tout en leur permettant d'en avoir de mauvais.

Il est indispensable à l'officier d'état-major, plus qu'à celui de cavalerie, d'avoir une monture bonne et maniable ; si l'autorité militaire exige que les officiers de cavalerie marchent avec leurs propres chevaux, il convient d'appliquer les mêmes mesures, et d'une façon rigoureuse, aux officiers d'état-major.

Les gibernes topographiques dont les officiers étaient

pourvus parurent peu satisfaisantes dans la pratique ; on pré-
férait celles de forte toile imperméable à celles de cuir, et
les carnets du modèle proposé par le général Dragomirof à
ceux du modèle de Vienne. Mais en général les deux formes
laissent à désirer. Beaucoup trouvèrent la planchette de la
giberne trop petite. Le papier mince collé sur la planchette
ne convenait pas ; il faudrait le remplacer par du papier fort,
ne craignant pas la pluie et ne se déchirant pas sous la
gomme élastique. Quelques officiers au lieu de gibernes, ont
proposé des planchettes légères, d'autres des sabretaches.

La question de l'équipement des officiers pour les travaux
de campagne ne peut pas être éclaircie par un premier essai ;
il convient d'attendre des expériences plus étendues avant de
prendre une décision définitive sur ce point ; d'autant plus
que, pour adopter un modèle quelconque, il faut prendre en
considération diverses nécessités du service des officiers
près des troupes, nécessités qu'il n'a pas été possible d'apprécier dans l'expédition actuelle.

Les officiers, sur le terrain, travaillaient en tunique, sans
sabre, et, en cas de nécessité, l'usage du manteau imperméable
en gutta-percha était autorisé. Il a semblé que, dans les travaux de campagne exécutés sans les troupes, il conviendrait
pour l'avenir d'autoriser ces exceptions à la règle ; elles allè-
gent les officiers, servent à ménager leurs forces, et leur per-
mettent de produire journellement une plus grande somme
de travail ; ce qui présente, au point de vue de l'instruction,
un notable avantage. Le chiffre des indemnités journalières
et de déplacement alloué aux officiers a été très suffisant. La
majorité des officiers, tant d'état-major que de troupe, a été
très satisfaite de n'avoir à faire aucun déboursé complémen-
taire par le fait de l'expédition.

VI.— EMPLOI DES OFFICIERS DE TROUPE SUR LE TERRAIN

La différence effective entre les occupations des officiers
d'état-major et celle des officiers de troupe, se bornait à ce
que les questions confiées à ceux-ci étaient un peu moins
compliquées et demandaient de leur part un degré d'indépendance moindre. Les officiers de troupe étaient fréquemment

mis à la disposition des officiers d'état-major chargés d'une mission spéciale au delà du rayon des opérations principales, ou d'un service nécessitant un travail prolongé ; ils étaient par exemple mis à la disposition des officiers d'état-major chargés du placement des avant-postes ou du choix des bivouacs. Très souvent aussi les officiers de troupe étaient chargés de missions séparées, relatives à la spécialité de leur troupe, par exemple : placer un escadron aux avant-postes ; choisir un bivouac de détachement; reconnaître l'accès d'une position ; conduire, soit d'un point à un autre, soit à une attaque un petit détachement ; choisir l'emplacement d'une batterie ; construire un retranchement ; établir un passage, etc.

Les officiers de troupe, avant les travaux sur le terrain, c'est-à-dire du 30 mai au 8 juin, étaient comme les officiers d'état-major employés aux reconnaissances préliminaires ; chacun d'eux était tenu de présenter un itinéraire, un croquis d'une position peu étendue, ou la description des abords d'un passage, d'un cours d'eau, etc.

En général, les travaux topographiques des officiers de troupe peuvent être considérés comme assez satisfaisants ; leur zèle dans les travaux de terrain ne laissait rien à désirer, mais il conviendrait, pour l'avenir, que les chefs immédiats des corps de troupe apportent encore plus d'attention dans le choix des officiers désignés pour les expéditions. Deux ou trois officiers de ceux qu'on avait désignés cette année, n'ont pas paru suffisamment capables de responsabilité, tous les autres ont satisfait complétement aux nécessités du travail. Il semblerait convenir que pour les expéditions sur le terrain on désignât parmi les jeunes officiers de troupes, les plus distingués des régiments ou corps, afin que ces désignations fussent un stimulant pour les autres.

Tel est l'aperçu général du travail exécuté cette année par un détachement d'officiers d'état-major ; la manière dont le travail a été conduit s'y trouve exposée, ainsi que les imperfections observées. Il reste encore à dire quelques mots sur la question de savoir s'il vaut mieux, pour les expéditions futures, choisir des problèmes à double action, ou si la solution de problèmes à action simple présente plus d'avantages.

L'essai qu'on vient de décrire montre que la forme à double action peut être employée aisément et avec des résultats satisfaisants ; les avantages qu'on y trouve croissent en proportion du nombre d'officiers qui y participent.

Il est vrai, que sous certains rapports, la conduite d'une action simple peut être plus facile ; il semble possible de passer plus graduellement des travaux simples aux travaux plus compliqués, de revoir tel ou tel travail qu'on ne jugerait pas satisfaisant ; il est possible que l'appréciation des travaux faite par la même personne, et pour ainsi dire à la même échelle, présente plus d'uniformité ; mais, dans le travail à une seule action, le chef, par le fait même de la progression du travail, se trouve dans la situation d'un professeur ou d'un supérieur instruisant ses subordonnés. Il s'ensuit que chacun des officiers sera privé de la part d'indépendance dont il jouit dans les manœuvres à double action et qui est très utile au bon résultat du travail.

Il est incontestable que le chef des travaux, quelle que soit la forme du problème à résoudre, doit dans certains cas pouvoir prononcer des arrêts sans appel sur les opérations et sur la valeur du travail des officiers ; mais, de même, il n'est pas douteux que ces arrêts et ces appréciations seront plus justes s'ils sont soumis à l'opinion et à l'examen de plusieurs personnes, comme cela a lieu dans le problème à double action ; là, chaque décision de l'arbitre sur les opérations d'un officier et l'appréciation de ses travaux se trouvent dans une étroite dépendance des dispositions et des opérations de chaque chef de parti. De cette manière, au lieu d'une seule personne, il y en a trois qui s'occupent du travail, ce qui empêche que les questions soient résolues à un point de vue trop personnel ; la direction des opérations et même l'appréciation définitive des travaux se trouvent liées aux vues et aux décisions de chacun des trois participants. Il est entendu qu'en pareil cas, l'intérêt général de la question est soutenu par tous ceux qui y prennent part. Dans l'expédition récente, beaucoup de fautes ou d'erreurs de jugement dans les travaux d'un des partis étaient rendus manifestes par les travaux de l'adversaire, et très souvent se montrait la possibilité de les vérifier réciproquement.

Les travaux y gagnent, non seulement d'intéresser davantage ceux qui y prennent part, mais encore sont-ils plus instructifs étant ainsi soumis à la discussion des deux partis intéressés. Le chef suprême formule un jugement définitif ou apprécie les travaux en se basant sur des données connues et approfondies par tous. Rien de pareil n'est possible avec le travail à une seule action.

Il faut ajouter que, près d'un chef suprême de l'ensemble, il doit encore se trouver un certain nombre de personnes compétentes pour remplir les devoirs d'arbitres ; plus le nombre en est grand, mieux cela vaut ; la marche en est d'autant plus animée et régulière.

Former des conclusions définitives, d'après ce qui a été exposé dans le présent compte-rendu, serait prématuré, d'autant plus que, cette année, des expéditions d'officiers d'état-major auront lieu dans les circonscriptions militaires de *Moscou, Varsovie* et *Kiew*. Ces expéditions présenteront certainement beaucoup de nouvelles données instructives. C'est seulement après en avoir connu les résultats et en se basant sur des observations multipliées, qu'on pourra passer à la solution de toutes les questions importantes dont nous avons seulement fait mention.

(Traduit de la REVUE MILITAIRE RUSSE.)

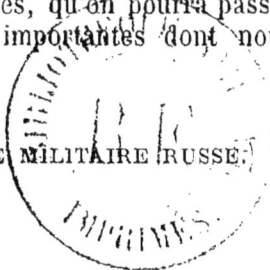

TABLE DES MATIÈRES

~~~~~~~~~~

Paris. — Imprimerie Ch. SCHILLER, 10, rue du Faubourg-Montmartre.

17

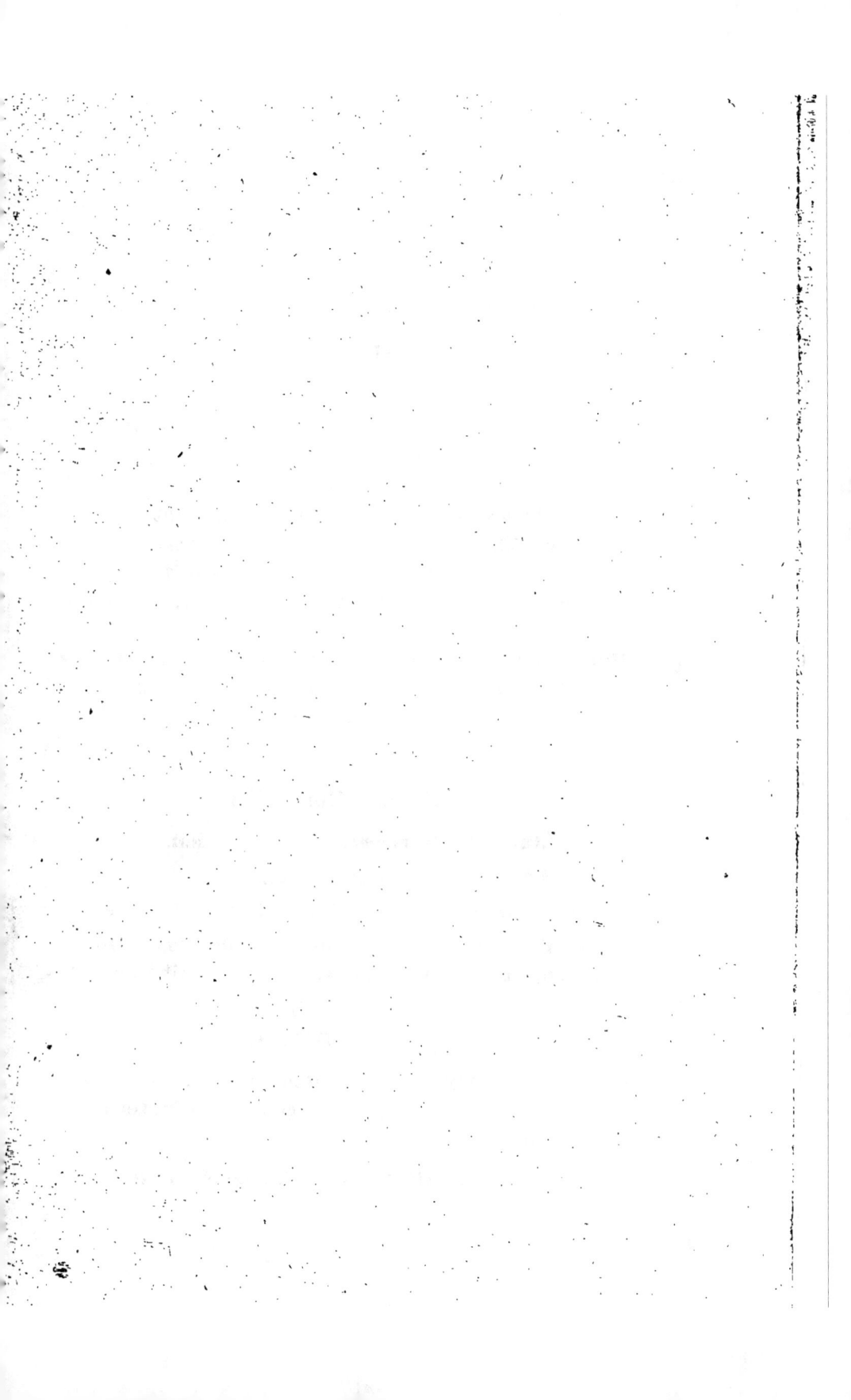

PUBLICATIONS

DU 2e BUREAU

DE L'ÉTAT-MAJOR GÉNÉRAL DU MINISTRE DE LA GUERRE

SUR LES ARMÉES ÉTRANGÈRES

Le Bulletin militaire de l'étranger (mois de novembre et décembre 1871), réédition......... 2 fr.

La Revue militaire de l'étranger, paraissant tous les cinq jours. — Abonnement pour six mois ou UN an, aux bureaux du *Moniteur de l'Armée* (152, rue Montmartre)............... 6 ou 12 fr.

Règlement sur le service en campagne et sur les grandes manœuvres. — (Armée prussienne). — Traduit de l'Allemand...................... 2 fr. 50

NOTICES MILITAIRES

I. — Étude sur le recrutement prussien.

II. — La loi militaire italienne.

III. — Du Recrutement des officiers en Prusse.

IV. — Travaux de campagne des officiers de l'État-Major général Russe en 1871. — Traduit du Russe.

SOUS PRESSE

Étude et analyse du règlement prussien, du 3 août 1870, sur les exercices de l'infanterie.

La mobilisation.

Étude sur les institutions militaires de l'Autriche-Hongrie.

www.ingramcontent.com/pod-product-compliance
Lightning Source LLC
Chambersburg PA
CBHW072016290326
41934CB00009BA/2101